Giuseppe Verdi
Compositore d'Opera Italiano

Giuseppe Verdi
Italian Opera Composer

Italian-English Edition

Written by Nancy Bach
Illustrated by Leo Lätti

Long Bridge Publishing

Giuseppe Verdi, Compositore d'Opera Italiano
Giuseppe Verdi, Italian Opera Composer
A bilingual picture book (Italian-English text)

Text by Nancy Bach
Illustrations by Leo Lätti
Copyright © 2013 Long Bridge Publishing. All rights reserved.

Find more books for bilingual children and Italian language learners at:
www.LongBridgePublishing.com

**Please note that the Italian and the English version of the story have been written to be as close as possible.
In some cases though, they differ in order to accommodate nuances and fluidity of each language.**

Publisher's Cataloging in Publication Data

Nancy Bach
    Giuseppe Verdi, Compositore d'Opera Italiano - Giuseppe Verdi, Italian Opera Composer:
A bilingual picture book (Italian-English text) / Nancy Bach; illustrated by Leo Lätti
        p.   cm.
    SUMMARY: Illustrated introduction to the Italian composer Giuseppe Verdi, his life, work and operas. Includes historical notes and question pages for readers comprehension review.
    ISBN-13: 978-1-938712-12-8
    ISBN-10: 1-938712-12-9
    1. Giuseppe Verdi -- Juvenile literature.   2. Verdi, Giuseppe, 1813-1901.   3. Italian language materials -- Bilingual.   4. Composers -- Biography -- Juvenile literature.   5. Composers --Italy -- Biography.
        I. Title

Long Bridge Publishing
USA
www.LongBridgePublishing.com

ISBN-13: 978-1-938712-12-8
ISBN-10: 1-938712-12-9

Indice - *Contents*

Chi è Giuseppe Verdi?

"Oggi bambini impariamo un po' di storia antica" dice la maestra. Poi guarda gli studenti e si accorge che a causa del caldo i bambini sono un po' stanchi. Addirittura sembra che alcuni si stiano per addormentare!

"Non è questo il modo di imparare!" dice la maestra. "Alziamoci in piedi e muoviamoci per energizzarci un po'".

Gli studenti saltano in piedi. Sentono il suono di una musica. "È una tromba!" dice Nina. Evidentemente, durante la lezione di musica della scorsa settimana, è stata molto attenta.

"Tante trombe!" dice Marco.
"E stanno suonando una marcia. Possiamo marciare anche noi?" chiede Gino.

Who is Giuseppe Verdi?

"Today, children, it's time to learn a bit about ancient history," says the teacher. She looks at the students and sees that the warm weather has made the young children a bit tired. Some look as if they are ready to fall asleep!

"This is no way to learn," says the teacher. "Let's stand up and move around to get some energy."

The students jump to their feet. Soon they hear music playing. "It's a trumpet!" says Nina. She was paying attention in last week's music lesson.

"Lots of them!" adds Marco.
"And they're playing a march. May we march along?" asks Gino.

Giuseppe Verdi
1813 – 1901

"Sì, certamente." risponde la maestra. Porge quindi una bandiera a Silvia che è in testa alla coda e guida la fila di studenti intorno all'aula mentre tutti marciano al ritmo della musica.

Quando termina la musica, la maestra dice: "Bambini, avete appena ascoltato la "Marcia Trionfale" di un'opera chiamata "Aida". È una storia di popoli molto antichi che studieremo questo mese".

"Io conosco la storia", dice Simona timidamente. "I miei genitori sono andati all'opera di Milano lo scorso mese e me ne hanno parlato. Dicono che è stata scritta dal loro compositore preferito, ma non ricordo il nome".

"Oh, è un compositore meraviglioso, il mio preferito!" esclama la maestra. "Volete che vi parli un po' di lui prima di cominciare la lezione di storia?".

Gli studenti annuiscono con entusiasmo e la maestra comincia a parlare di Giuseppe Verdi, uno dei più grandi compositori di tutti i tempi.

"Yes, of course," replies the teacher. She hands a flag to Silvia at the head of the line. She leads the students around the room as they march in step to the music.

When the song ends, the teacher says, "Children, you just heard the "Grand March" from an opera called "Aida". It's a story about some of the ancient people we'll be studying this month."

"I know the story," Simona says shyly. "My parents went to the opera in Milan last month and they told me about it. They said it was written by their favorite composer, but I can't remember his name."

"Oh, he is a wonderful composer, my favorite too!" exclaims the teacher. "Would you like to hear about him before we start our history lesson?"

The students nod enthusiastically and she begins to tell them about Giuseppe Verdi, one of the greatest composers of all time.

Giuseppe Verdi nacque nell'ottobre 1813 a Le Roncole, un paesino del Nord Italia, situato vicino alla grande città di Milano. Quasi tutti gli abitanti del paese erano contadini mentre il padre di Verdi era proprietario di una piccola locanda e di una fattoria.

Il padre di Giuseppe voleva che il figlio ricevesse una buona educazione. Addirittura gli fece impartire lezioni di pianoforte quando Giuseppe aveva appena quattro anni. A nove anni il bambino suonava ogni tanto anche l'organo della sua chiesa. Sicuramente il padre deve essere stato molto fiero di lui!

Ma il vero talento di Verdi era nel comporre musica, prendendo le melodie che creava nella sua testa e scrivendole su carta così che musicisti e cantanti potessero suonarle e cantarle per il pubblico. Studiò con un compositore nella vicina città di Busseto e poi si trasferì nella grande città di Milano per continuare la sua educazione musicale con l'aiuto di un benefattore. Ottenne il primo impiego come insegnante di musica a Busseto e lì sposò la figlia del suo benefattore.

Giuseppe Verdi was born in October of 1813 in Le Roncole, a small town in Northern Italy, not very far from the big city of Milan. Verdi's father owned a small inn and farm while most of the other villagers were peasants.

Giuseppe's father wanted his son to get a good education. He even arranged for piano lessons starting when Giuseppe was only four years old. By the time the young boy turned nine years old he sometimes played the organ at his church. Surely his father must have been very proud!

But Verdi's real skills were in composing music, taking the beautiful music he created in his head and writing it on paper so musicians and singers could perform it for others to hear. He studied with a composer in the nearby town of Busseto and then moved to the large city of Milan to continue his musical education with the support of a benefactor. He got his first job as a music teacher in Busseto and there he married the daughter of his benefactor.

La prima opera musicale di Verdi fu rappresentata al Teatro alla Scala di Milano quando il compositore aveva solo ventisei anni. L'opera si intitolava "Oberto" e poiché ebbe successo, Verdi fu invitato a comporre altre tre opere. Purtroppo, mentre stava scrivendo questi nuovi lavori, sua moglie morì e la tristezza per questa disgrazia s'infiltrò nella sua musica.

Due anni dopo Verdi produsse un'opera possente chiamata "Nabucco". Questa racconta la storia degli schiavi Ebrei nell'antica Babilonia e descrive le difficoltà che essi incontrarono ed il loro desiderio di libertà. In quest'opera il coro canta la melodia "Va, pensiero" le cui parole e la cui musica servirono ad ispirare le tante persone che ascoltarono quest'opera. Verdi non aveva ancora trent'anni ed era già considerato uno dei maggiori compositori dei suoi tempi.

Verdi was only twenty-six when his first composition was performed at the La Scala Theatre in Milan. This work, called "Oberto", was good enough that he was asked to create three more operas. But while he was working on these compositions his wife died. He was very sad and his sadness crept into his work.

Two years later, Verdi produced a very powerful opera, "Nabucco". This is the story of the Jewish slaves in ancient Babylon and it describes the many hardships they faced and their longing for freedom. They sang "Va, pensiero", with words and melody that inspired all the people who listened to the opera. Verdi was not even thirty years old, and he was recognized as one of the best composers of the day.

Alcuni compositori diventano famosi solo dopo la loro morte, ma le opere di Verdi diventarono famose mentre lui era piuttosto giovane.

Durante la sua vita Verdi compose circa trenta opere. Alcune sono basate su copioni teatrali, come quelli di William Shakespeare. Altre raccontano storie d'amore. Alcune sono semplici storie di malintesi.

Molte opere di Verdi sono basate su fatti storici, con l'aggiunta di dettagli inventati che rendono le storie più interessanti. Molte sue opere sono drammatiche e non hanno un lieto fine però il pubblico le ama ugualmente perché si commuove grazie alla musica ed ai personaggi. Spesso il pubblico scoppia in lacrime quando assiste a queste opere così possenti.

Alcune opere di Verdi sono più leggere e fanno ridere per le situazioni buffe che vengono rappresentate. "La donna è mobile" dal "Rigoletto" parla di una donna che non riesce a prendere una decisione. La canzone "Libiamo ne' lieti calici" da "La Traviata" parla di vino e di allegria. Entrambi i brani hanno melodie molto orecchiabili che molti amano canticchiare. Ai nostri giorni "La Traviata" è l'opera lirica più famosa al mondo.

Some composers do not become famous until after they die, but Verdi's operas became popular while he was quite young.

During his lifetime Verdi created nearly thirty operas. Some are based on plays, like those by William Shakespeare. Many of them are love stories. Some tell simple stories about misunderstandings.

Many of Verdi's operas are based on historical facts, but he added fictional details to make the stories come alive. Many of his operas are very serious; they do not have happy endings. Even so, audiences love them because they are deeply moved by the music and the characters. Often people cry when they watch these powerful works.

A few of Verdi's songs and operas are lighter and make people laugh at their silly situations. "La donna è mobile" from "Rigoletto" talks about a woman who cannot make up her mind. The song "Libiamo ne' lieti calici" from "La Traviata" is about drinking wine and being happy. Both of these have very catchy melodies that people love to hum and sing along. "La Traviata" is the most popular opera in the world today.

Andantino ♪ = 116

Quando Verdi aveva circa cinquant'anni l'Italia era in guerra. Durante il 1800 la Francia e l'Austria avevano occupato alcuni territori italiani. Durante questi anni di conflitti gli italiani si fecero ispirare dalla musica di Verdi. Nel 1861 il territorio dell'Italia fu riunificato, il che significa che il popolo poté avere di nuovo un'unica nazione. Dopo la riunificazione Verdi fu eletto membro della Camera e poi senatore del Parlamento italiano.

Verdi continuò a comporre e nel 1871 produsse "Aida", una delle sue opere più conosciute. La storia di Aida si svolge al tempo degli antichi Egizi. La figlia del re dell'Etiopia si chiama Aida. Viene catturata dagli Egiziani e si innamora di Radamès, un soldato dell'esercito egiziano. Poiché i loro paesi sono in guerra, i due devono decidere se rimanere leali ai propri paesi o se invece fuggire insieme.

When Verdi was in his fifties, Italy was in a time of conflict. In the 1800s France and Austria claimed parts of Italy. During the years of conflict people of Italy found Verdi's music inspiring. By 1861 the country of Italy was reunified, which means that the people were able to have one country again. After reunification, Verdi was elected as a Chamber member and later appointed as a Senator in Italy's Parliament.

Verdi continued to compose. In 1871 he created "Aida", one of his most popular operas. "Aida" takes place during the time of the ancient Egyptians. Aida is the name of the daughter of the king of Ethiopia. She is taken prisoner by the Egyptians and falls in love with Radamès, a soldier in the Egyptian army. Because their countries are at war, the two must decide whether to support their countrymen or run away together.

Arrigo Boito

Falstaff

Commedia lirica in 3 Atti

Musica di

Giuseppe Verdi

Edizioni Ricordi

All'età' di sessant'anni Verdi si ritirò dal mondo musicale. Si era sposato con la cantante d'opera Giuseppina Strepponi e viveva con lei in una fattoria a Sant'Agata, vicino a Busseto. Verdi era un buon agricoltore e riuscì ad ampliare la sua fattoria e a diventare piuttosto benestante. Donò la maggior parte del suo denaro e fondò un ospizio per musicisti a Milano.

Anche se era soddisfatto della sua vita contadina, Verdi sentiva ancora il desiderio di comporre. Compose un'altra grande opera, "Otello", basata sulla nota opera teatrale di William Shakespeare che parla dei Mori di Cipro.

La sua ultima composizione fu il "Falstaff", una storia ambientata nella corte di Enrico Quarto d'Inghilterra, scritta quando aveva ottant'anni. Dopo tante opere che parlano di guerra, morte e altri argomenti drammatici, Verdi finalmente scrisse un'opera musicale leggera che ancora oggi è molto amata.

When Verdi was sixty he retired from writing music. He had married opera singer Giuseppina Strepponi, and they lived on a farm in Sant'Agata near Busseto. Verdi was very good at farming. He grew the size of his farm and became quite wealthy. He gave away much of his money and founded a home for old musicians in Milan.

Although he was happy just being a farmer, Verdi was still compelled to compose. He created another great opera, "Otello", based on the well-known play by William Shakespeare about the Moors in Cyprus.

His last work was "Falstaff", a story about the court of Henry the Fourth in England, written when he was eighty. After the many operas dealing with war and death and other serious subjects, Verdi finally wrote a silly musical that remains much loved today.

Verdi morì nel 1901. Poiché era un compositore molto famoso, da tutta Italia cantanti e orchestre vennero a porgergli omaggio a Milano. Il grande direttore d'orchestra Toscanini diresse quasi mille cantanti per onorare Verdi con il suo brano più famoso, "Va, pensiero" e centinaia di migliaia di persone vennero a piangere la morte del grande compositore.

Ora, duecento anni dopo la nascita di Verdi, ogni anno vengono messe in scena in tutto il mondo più di seicento rappresentazioni verdiane.

Verdi died in 1901. He was such a great composer that singers and orchestras from all across Italy came to honor him in Milan. The great conductor, Toscanini, led nearly a thousand singers in honoring Verdi with his most famous song, "Va, pensiero", and hundreds of thousands of people came to mourn the great composer's death.

Now, two hundred years after Verdi was born, more than six hundred different Verdi performances are staged around the world each year.

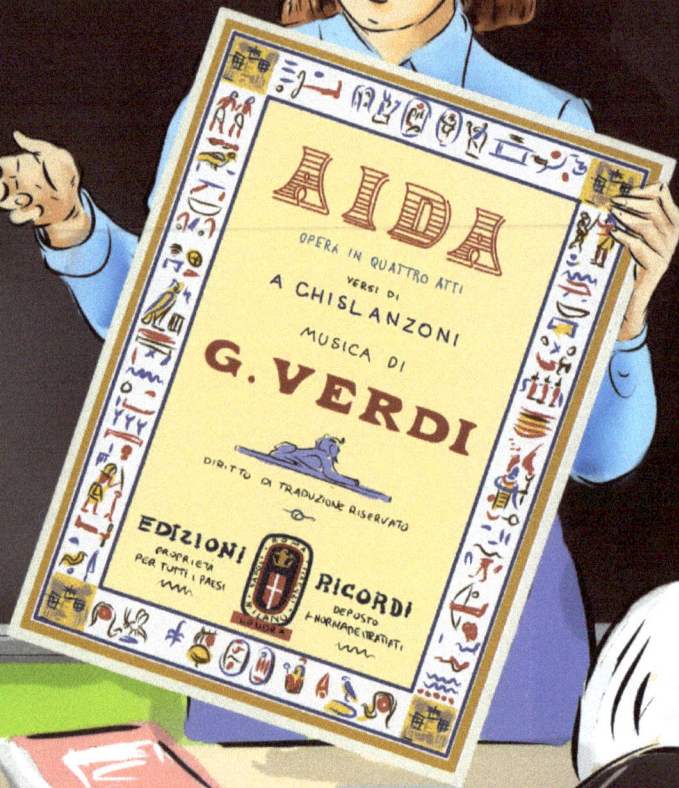

Gli occhi della maestra brillano mentre guarda gli studenti. "Quando ascolto le opere di Verdi faccio un salto nel passato. So che alcuni dettagli nelle storie sono inventati, ma imparo ugualmente moltissime cose sui tempi in cui la storia è ambientata. La musica dell'Aida di Giuseppe Verdi mi ha fatto rivivere i tempi dell'antico Egitto. Ogni volta che la ascolto faccio un passo indietro nel tempo di tremila anni ai tempi degli antichi Egizi…".

Simona alza la mano e chiede timidamente "Possiamo ascoltarla di nuovo?".

La maestra sorride e si asciuga una lacrima. "Sì, ascoltiamo la Marcia Trionfale mentre cominciamo a parlare degli antichi Egizi e delle loro piramidi…".

The teacher's eyes glisten as she looks at the students. "When I listen to Verdi's operas I feel a strong connection to history. I know some of the details in his musical stories are made up, but I still learn a lot about the general time of the story. Giuseppe Verdi's music in Aida has brought the ancient Egyptians alive for me. Whenever I hear it I feel like I'm back three thousand years ago living during the time of the Egyptians…"

Simona raises her hand and asks shyly, "Can we listen to that music again?"

The teacher smiles and wipes a tear from her eye. "Yes, let's play the Grand March while we start to discuss the Egyptians and their pyramids…"

Lo Sapevi Che...?

- Non si conosce l'esatta data di nascita di Verdi. Si pensa che sia il 9 o il 10 ottobre 1813.

- Il cognome di Giuseppe Verdi si abbina bene alla personalità del compositore che spesso si considerava un semplice contadino.

- Le Roncole, il luogo di nascita di Verdi, ha acquisito un secondo nome, Roncole Verdi, in onore del suo famoso cittadino.

- Chi visita Le Roncole può andare a vedere la casa dov'è nato Verdi e la chiesa dove ha suonato l'organo.

- La Villa Verdi a Sant'Agata, in Emilia Romagna, è la fattoria dove Verdi trascorse gran parte della sua vita. Parecchie stanze sono aperte al pubblico ed una contiene il pianoforte che Verdi utilizzò per comporre il Rigoletto.

- Nella città di New York, negli Stati Uniti, c'è un monumento dedicato a Giuseppe Verdi che rappresenta il compositore circondato dai personaggi delle sue opere più famose. Il monumento fu inaugurato nel 1906, appena cinque anni dopo la morte di Verdi.

- L'aeroporto della città di Parma, in Italia, è stato chiamato Giuseppe Verdi in onore del compositore.

- Le opere di Verdi hanno contribuito al successo di alcuni dei più grandi cantanti lirici del mondo: i tre tenori Plácido Domingo, José Carreras e Luciano Pavarotti, Maria Callas, Enrico Caruso, Joan Sutherland e tanti altri.

- Il famoso cantante lirico Enrico Caruso fu uno dei cantanti che cantò nel coro durante il funerale di Verdi nel 1901.

- Il brano "Va, pensiero" ebbe un grosso impatto nella storia italiana. Recentemente un senatore italiano ha proposto di rimpiazzare l'attuale inno nazionale italiano con questa amatissima melodia.

- La guerra tra Egitto ed Etiopia descritta nell'Aida è reale ma la storia della principessa etiope e del soldato egizio è inventata.

- La versione Disney dell'Aida non è un'opera lirica e non contiene musiche di Giuseppe Verdi, ma si basa sulla storia che Verdi utilizzò per creare quest'opera. (Le musiche ed i testi dell'Aida di Disney sono di Elton John e di Tim Rice).

Did You Know...?

- *The exact date of Verdi's birthday is not clear. It could be October 9 or 10, 1813.*

- *Giuseppe Verdi could be translated in English to Joseph Green. The name is fitting for a man who often thought of himself as a simple peasant farmer.*

- *Le Roncole, the village of Verdi's birth, has given itself a second name, Roncole Verdi, to honor its famous citizen.*

- *If you visit Le Roncole, you can see the house where Verdi was born and the nearby church where he played the organ.*

- *The Villa Verdi in Sant'Agata, in the Emilia Romagna region, is the farm where Verdi spent much of his life. Several of the rooms are open for visitors and one contains the piano that Verdi used to compose Rigoletto.*

- *There is a Giuseppe Verdi Monument in New York City with Verdi surrounded by characters from his most famous operas. It was dedicated in 1906, just five years after Verdi's death.*

- *Giuseppe Verdi Airport in Parma Italy is named after the composer.*

- *Verdi's operas have helped many great opera singers become stars: the three tenors Plácido Domingo, José Carreras, and Luciano Pavarotti, Maria Callas, Enrico Caruso, Joan Sutherland, and many more.*

- *The great opera singer, Enrico Caruso, was one of the people in the chorus who sang at Verdi's memorial concert in 1901.*

- *"Va, pensiero" was a very powerful song in Italy's history. One Italian senator recently proposed replacing the existing Italian national anthem with this much-loved song.*

- *The conflict between Egypt and Ethiopia that is described in Aida is true, but the story about the Ethiopian princess and Egyptian soldier is fiction.*

- *The Disney stage version of Aida is not an opera and does not contain any music from Giuseppe Verdi, but it is based on the story that Verdi used to create his opera. (Disney's Aida music and lyrics are from Elton John and Tim Rice.)*

Sai rispondere a queste domande?

In che secolo è nato Giuseppe Verdi? ....

In che città è nato? ....

Che cosa ha cominciato a studiare Giuseppe Verdi quando aveva quattro anni?

....

Descrivi come e quando Verdi ha avuto successo e perché: ....

....

....

....

Descrivi una delle opere più famose di Verdi:....................................

....

....

....

Oltre alla musica, quale era l'altra grande passione di Verdi? ....

....

Cosa ci rimane di Verdi ai nostri giorni?...

....

Can you answer these questions?

In which century was Giuseppe Verdi born? ....

What city was he born in?...

What did Giuseppe Verdi start to study when he was four years old?

....

Describe how and when Verdi had his first success and why: ....

....

....

....

Describe one of Verdi's most famous operas: ....

....

....

....

Aside music, what was Verdi passionate about? ....

....

What do we have today that reminds us of Verdi?...................................

....

Va, Pensiero
(Nabucco, 1842)

Va, pensiero, sull'ali dorate.

Va, ti posa sui clivi, sui colli,

ove olezzano tepide e molli

l'aure dolci del suolo natal!

Del Giordano le rive saluta,

di Sïonne le torri atterrate.

Oh mia patria sì bella e perduta!

Oh membranza sì cara e fatal!

Arpa d'or dei fatidici vati,

perché muta dal salice pendi?

Le memorie nel petto raccendi,

ci favella del tempo che fu!

O simile di Solima ai fati

traggi un suono di crudo lamento,

o t'ispiri il Signore un concento

che ne infonda al patire virtù!

Have fun and learn with Italian themed stories,
nursery rhymes, books about Italian traditions
and more, all with Italian and English text!

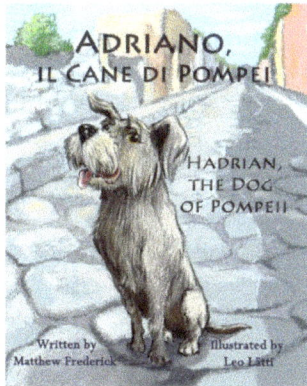
ADRIANO,
IL CANE DI POMPEI
HADRIAN,
THE DOG
OF POMPEII
Written by
Matthew Frederick
Illustrated by
Leo Lätti

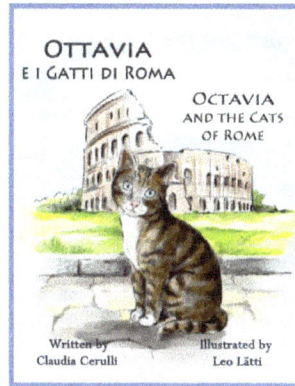
OTTAVIA
E I GATTI DI ROMA
OCTAVIA
AND THE CATS
OF ROME
Written by
Claudia Cerulli
Illustrated by
Leo Lätti

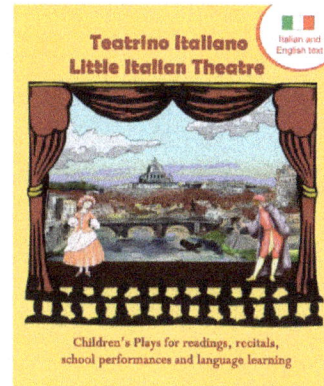
Teatrino Italiano
Little Italian Theatre
Italian and English text
Children's Plays for readings, recitals,
school performances and language learning

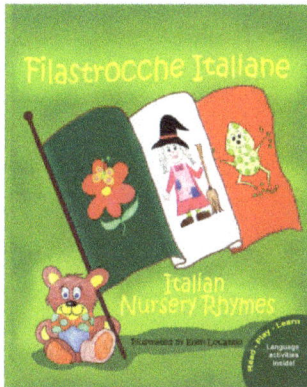
Filastrocche Italiane
Italian
Nursery Rhymes
Illustrated by Josh Locatelli
Language activities inside!

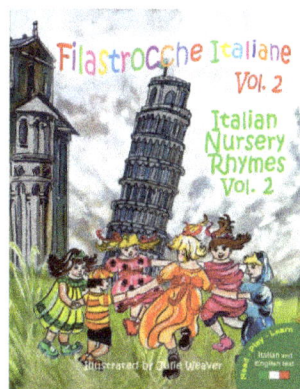
Filastrocche Italiane
Vol. 2
Italian
Nursery
Rhymes
Vol. 2
Illustrated by Julie Weaver
Italian and English text

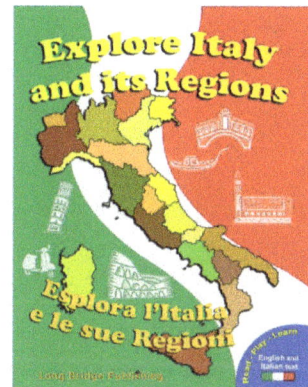
Explore Italy
and its Regions
Esplora l'Italia
e le sue Regioni
Long Bridge Publishing
English and Italian text

Coloriamo il Natale!
Calendario
dell'Avvento
da Colorare
Advent
Coloring
Book
Let's Color Christmas!

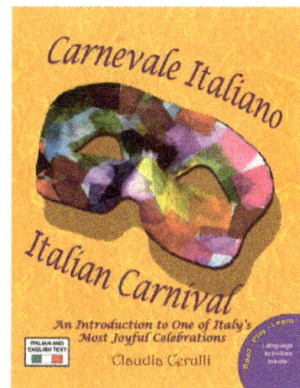
Carnevale Italiano
Italian Carnival
An Introduction to One of Italy's
Most Joyful Celebrations
ITALIAN AND ENGLISH TEXT
Language activities inside!
Claudia Cerulli

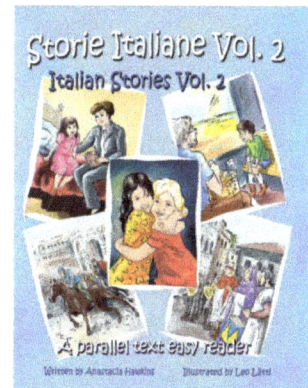
Storie Italiane Vol. 2
Italian Stories Vol. 2
A parallel text easy reader
Written by Anastacia Hawkins
Illustrated by Leo Lätti

Browse our catalog at www.LongBridgePublishing.com